Pour Simon

.

Has-tu déjà vécu une de ces journées ?

Quand tu te sens triste et que tu as le cafard ?

Tu préfères rester au lit...

Voici ce que tu peux faire !!

SAUTE SAUTE SAUTE

COMME UN KANGOUROU !

Lundi est tout simplement un jour normal !

RETOUR À L'ÉCOLE

Il y a toujours des devoirs à faire...

Et quand tu pourras enfin jouer dehors...

Tu ne trouves pas tes chaussures préférées !

Voici ce que tu peux faire !

SAUTE SAUTE SAUTE

COMME UN
KANGOUROU !

Alors tu te sentiras heureux !

Tu seras alors ravi !

Tu vas passer le meilleur moment possible !

Que tu n'as jamais eue !

Tout ce que tu as à faire tu n'as qu'à...

SAUTE
SAUTE SAUTE

COMME UN
KANGOUROU !

Quand il pleut dehors
Il pleut...

Ou alors tu as la grippe...

Quand tu te sentiras mieux, secoue-toi, puis...

SAUTE SAUTE SAUTE

COMME UN KANGOUROU !

SAUTE SAUTE SAUTE

COMME UN KANGOUROU !

Je parie que tu n'as jamais vu un kangourou triste ...

Ou un Joey triste, n'est-ce pas ?

C'est parce qu'ils avent que

Exactement ce qu'il faut faire !

SAUTE SAUTE SAUTE

COMME UN
KANGOUROU !

Alors tu seras
tu seras heureux !

Alors tu vas être content

Tu passeras le meilleur moment possible...

Tu n'as jamais eu ça avant !

Tout ce que tu dois faire
Ce qu'il faut faire...

SAUTE SAUTE SAUTE

COMME UN KANGOUROU !

QU

KANGOUROU !

Sauter série en allemand :

Saute comme un caribou !
Saute et dis Buh !
Saute au zoo !
Sauter ET BOUCLER POUR LES DINOSAURIENS !

Série de sauts en anglais :

Saute comme un caribou !
Saute comme un kangourou !
Saute haut et dis P.U. !
Saute et dis que c'est la Saint-Valentin.
Pour les enfants aussi !
Saute et cherche un indice !
Saute sur tout ce qui est bleu !
Saute, saute et dis joyeuses Pâques !
Saute en l'air et dis "Cock-A-Doodle-Do".
Saute et chante Da-Do-Do-Do !
Saute haut et demande qui ? QUI ?
Saute et crie comme un cacatoès !
Sauter haut et demander : est-ce toi ou le mouton ?
Saute et dis qu'il y a un Iwww dans mon ragoût !
Saute et dis-toi joyeux Noël !
Saute et réjouis-toi, bonne année !
Saute et dis qu'il y a un mu-muh dans un tutu !

Sautent en l'air et disent qu'il y a un lapin dans mes cheveux !
Saute et dis que ma tante a mangé une fourmi !
Sautent et disent qu'il y a un cochon de terre dans le parc d'attractions.

SÉRIE D'APPLAUDISSEMENTS : APPLAUDIS POUR 1 !
Applaudissez pour 2 !
Applaudissez pour 3 !
Applaudissez pour 4 !
Applaudissez pour 5 !
Applaudissez pour 6 !
Applaudissez pour 7 !
Applaudissez pour 8 !
Applaudissez pour 9 !
Applaudissez pour 10 !

Autres livres pour enfants :
Le chat qui disait bonjour
Les trois rochers
Billy Shakespeare
Billie Shakespeare
Apprenez à dessiner avec symétrie

Non-fiction
103 idées de collecte de fonds pour les parents bénévoles auprès des écoles et des équipes

www.ingramcontent.com/pod-product-compliance
Lightning Source LLC
Chambersburg PA
CBHW051252120626
46547CB00014B/1911